AF290538

Hühneraugenpflaster im Reklamerausch
„Kukirol", „Doktor Unblutig" und die Werbung der zwanziger Jahre

von Dirk Schindelbeck

Impressum

Bibliografische Informationen der Deutschen Nationalbibliothek
Die Deutsche Nationalbibliothek verzeichnet diese Publikation in der Deutschen Nationalbibliografie; detaillierte
bibliografische Daten sind im Internet über
http://dnb.d-nb.de abrufbar.

ISBN: 978-3-95894-004-8 (eBook) / 978-3-95894-005-5 (Print)

Inhalt

1. Aus Urzeiten der Reklame...

Sie liegt erst vier bis fünf Generationen zurück – und dennoch mutet uns schon der Versuch, in die Produkt- und Reklamewelt der zwanziger Jahre einzutauchen, so abenteuerlich an wie eine Reise zu antiken Stätten. Aus dem kollektiven Gedächtnis ist kaum mehr etwas abrufbar – vielleicht noch, dass Chlorodont[1] eine Zahnpasta war, Bleyle ein Matrosenanzug für Knaben[2] und einen Slogan wie „Schreibste mir, schreibste ihr, schreibste auf MK-Papier"[3] jedermann auswendig konnte. Nicht besser steht es mit der Bekanntheit von Werbefiguren: Durch Währungsreformen und Weltkriege hat sich bis auf unsere Tage nur der Sarotti-Mohr[4] erhalten, andere wie der Rüger-Hansi (um 1895 entstandene Werbefigur für eine Schokoladenmarke) sind allenfalls Sammlern alter Emailschilder ein Begriff.[5]

Die nähere Inspektion des Konsumalltags dieser Zeit steigert die Fremdheit noch. Zigaretten tragen so abenteuerliche Namen wie Ravenklau oder Greiling, Zahnpasten heißen Pebeco oder Kaliklora, einen schönen Körper bekommt man mit Pflegemitteln wie Khasana oder Hautana, ein dazu passender BH nennt sich Kalasiris. Uhu ist noch kein Alleskleber, sondern eine Wochenzeitschrift aus dem Hause Ullstein, Kant nicht nur der andere Name für den Kategorischen Imperativ, sondern auch eine Schokoladenmarke. Rama schreibt sich 1924 noch mit H, worauf die Butterlobby alle juristischen Mittel aufbietet, dem Fettersatz-Hersteller sein freches Assoziationsspiel mit dem edlen Rahm zu verbieten.[6]

Doch es gibt auch vertraute Töne: Wer Drogerieartikel anbot, war auf einen Namen bedacht, der seriös daherkam und an Odol erinnerte[7], wie etwa Javol (Haarpflegemittel) oder – noch heute erhältlich – Amol (Universal-Schmerzmittel). Auch das Hühneraugenmittel Kukirol, dessen legendäre Reklamekampagne hier beleuchtet werden soll, stellt sich mit der größten Selbstverständlichkeit in diese Reihe.

Man kann „Kukirol" als einen kleinen Glücksfall bezeichnen, weil die Quellenlage, obwohl eigentlich miserabel, für eine historische Werbekampagne noch immer vergleichsweise ergiebig ist. Das nährt die Hoffnung, nicht nur über dieses Produkt und seine Kommunikationspolitik Aufschluss zu gewinnen, sondern diese als Sonde in die Zeit(verhältnisse) nutzen zu können.[8] Schließlich gab es in den zwanziger Jahren in Deutschland keinen erwachsenen Menschen, dem Kukirol nicht zum Begriff geworden wäre. Immerhin konnten die grundlegenden Daten der Kampagne (zeitliche Dauer, Motive etc.) als auch die Urheberschaft für die Texte und Grafiken geklärt werden – die Mindestvoraussetzung, um Anzeigensujets im Hinblick auf Aussagen über die Zeit deuten zu dürfen.[9]

Im Folgenden geht es um drei Aspekte: erstens um das Porträt eines der frühesten deutschen Werbeberater, der als Vater der Kukirol-Reklame weit mehr als nur ihr Texter war, sondern auch ihr Stratege: Johannes Iversen (1865-1941), zweitens um die Darstellung der Kampagne mitsamt ihrer Wort- und Bildbotschaften sowie der Werbefigur des Doktor Unblutig[10] zwischen 1923 und 1929, drittens um „die Reklame" als dem Oberbegriff für einen spezifischen und zudem zeitabhängigen Massenkommunikationsstil – im Gegensatz zu unserem heute geläufigen Terminus „Werbung".

Abb. 1: Papp-Aufsteller für Kukirol mit Dr. Unblutig (Kultur- und werbegeschichtliches Archiv Freiburg kwaf)

2. Werbefachleute als neue Funktionselite

Mit Beginn der zwanziger Jahre explodierte in Deutschland die Reklame.[11] Unter dem Einfluss amerikanischer Vorbilder tauchten auch in deutschen Städten großflächige Lichtreklamen, beleuchtete Litfasssäulen und Verkehrsmittelwerbungen auf. Hinzu kamen technische Innovationen wie Radiowerbung, farbige Kinofilme, Werbemobile und bald auch spektakuläre Himmelsschrift-Flugnummern.[12] Das weckte die Nachfrage nach Spezialisten, die sich in Deutschland zwar schon vor dem Ersten Weltkrieg formiert[13], bislang aber eher ein Schattendasein geführt hatten, und deren Stunde angesichts komplex gewordener Werbeaufgaben gekommen schien: Werbeberater.[14] Der erste, der dazu einen Katalog herausbrachte, war der Wiener Verleger J. J. Kaindl. Ab 1919 stellte er mehrere Bände zu diversen Facetten der Reklame zusammen, so z. B „Biographien von verschiedenen Werbefachleuten". Darin trat auch ein gewisser Johannes Iversen auf, der sich mit folgenden Sätzen empfahl:

„Geb. 31. März 1865 in Sommeritz S.- A. (Familie stammt aus Nordschleswig), sechsklassige Volksschule, 1 Jahr Lehrzeit beim Vater als Gärtner, 3 Jahre Lehrzeit als Fleischer, als Handwerksbursche kreuz und quer durch Deutschland. 1885 erste schriftstellerische Versuche, im Jahre 1887/88 Militärzeit, dann Redakteur einer Fachzeitung in Leipzig, später Verleger einer solchen in Hamburg. Schrieb seine Artikel mit Vitriol, infolgedessen Konflikte mit der irdischen Gerechtigkeit. Entzog sich den Huldigungen der Staatsanwaltschaft durch Abreise nach Schweden, hauste dort ein halbes Jahr unter Fischern, dann nach Kopenhagen. Begründete kleinen Handel mit Gasglühlicht, dann Geschäftsführer der Anzeigenabteilung vom Illustrierten Familien-Journal. Erhöhte dem Umsatz auf das achtzehnfache ohne Vergrößerung des Anzeigenteils. 1901 Begnadigung durch den Hamburger Senat infolge Fürsprache des Kaisers. Rückkehr nach Deutschland. Zunächst bei Scherl, dann bei Anhalt in Kolberg tätig, später im Huckschen Zeitungskonzern usw. Danziger Neueste Nachrichten und Bayrische Zeitung. Seit 1908 freier Werbeberater, half große interessante Konkurrenzkämpfe durchfechten. Wohnsitz abwechselnd München und Jagdhaus in Tirol. 1913 Reise nach Marokko, wo ältester Sohn im Dienste der Mannesmann-Kompagnie verstorben war. 1914 Kriegsfreiwilliger, von der Nachrichtenabteilung des Auswärtigen Amtes für besondere Aufgaben reklamiert, Tätigkeit in Berlin, Bukarest, Brüssel, Bern, Kopenhagen, Stockholm usw., als politischer Agent für Deutschland und Österreich,

diplomatischer Kurier und Verbindungsmann mit der ausländischen Presse. Nebenbei ein bisschen freiwillige Arbeit für den Generalstab. 1917 Austritt aus diesem ehrenamtlichen Dienste (wegen Überfluss an Geldmangel), Vorarbeiten für den „Deutschen Werbeunterricht", dessen Gründung 1919 mit 10.000 gepumpten Papiermark erfolgte. Gleichzeitig Wiederaufnahme der Werbeberatung. 1922 Angliederung des Athenäums, später Umwandlung des Unternehmens in „Vereinigte Füssener Lehranstalten für brieflichen Unterricht G.m.b.H". Außerdem Erwerb größeren Grundbesitzes (5 Häuser, Wald, Torfmoore usw.). Ständiger Berater einer Reihe großer Firmen, Spezialkenntnisse in Medizin, Zeitungswesen, Landwirtschaft, Lebensmittelbranchen u.a.m. Liebhabereien: Jagd, Politik, alpines Wandern." [15]

Abb. 2: Johannes Iversen 1928 (Kultur- und werbegeschichtliches Archiv Freiburg kwaf)

Verglichen mit den biederen Selbstdarstellungen seiner Konkurrenten war das ein starker Auftritt. Dass der Mann Lebenserfahrung besaß, war kaum zu bestreiten, andere Angaben, die vielsagend im Halbdunkeln blieben („Konflikte mit der irdischen Gerechtigkeit…"; „ entzog sich den Huldigungen der Staatsanwaltschaft"; „politischer Agent für Deutschland"…), ließen ihn eher als dubiose Figur erscheinen. Doch so anrüchig die Selbstdarstellung auf den ersten Blick schien, eines vermittelte sie sehr wohl: Hier war einer „mit allen Wassern gewaschen", der mehr im Portefeuille hatte als ein paar Fertigkeiten im Verfassen von Reklametexten. Ein Blick in Iversens Buch „Geschäftskniffe im heutigen Konkurrenzkampf. Heiteres und Ernstes, Moralisches und Unmoralisches aus der geschäftlichen Praxis"[16] bestätigte diese Einschätzung. Es erzählt von „Prozess- und Inkassokniffen", „Schmugglerkniffen" etc. Mit so einem musste es sich für jeden Firmenchef lohnen, „auf Augenhöhe" zu verkehren, wollte er die Konkurrenz trickreich aus dem Felde schlagen.

Freilich muss eines klar herausgestellt werden: Iversens Auftritt ist zwar das Produkt eines sehr speziellen Charakters, sie dokumentiert aber ebenso das fundamentale Problem dieser sich erst formierenden Funktionselite. Wie sollte sie ihre Leistungen vermitteln? Wenn es überhaupt jemanden gab, der diese beurteilen konnte, so waren es doch ihre (potenziellen) Auftraggeber: die Geschäftsführer von Unternehmen, die anhand steigender Umsätze Werbewirkungen messen konnten. Die Öffentlichkeit hingegen nahm ihre „Werke" nicht wahr, im Gegensatz zu denen der Werbegrafiker.[17] Deren Namen standen schon vor dem Ersten Weltkrieg als Signaturen auf den von ihnen gestalteten „Künstler-Plakaten" und machten viele von ihnen berühmt.[18] Solch ‚ästhetischen Mehrwert' konnten Werbefachleute für sich nicht geltend machen; sie blieben Einzelkämpfer, die erbittert gegeneinander um Aufträge rangen.

3. Der „Deutsche Werbe-Unterricht" und sein Verfasser

Zwangsläufig erwuchsen daraus auch so extreme Selbstinszenierungen wie die zitierte. Ein so streitsüchtiger Charakter wie Iversen ließ denn auch keine Gelegenheit aus zu verkünden, dass es außer ihm keinen seriösen Werbeberater[19] in Deutschland gebe. Schließlich sei er es, der am längsten im Geschäft sei, ergo über die meiste Erfahrung verfüge und die größten Erfolge nachweisen könne: „Ich bin schriftstellerisch seit 1886, im Werbefache seit 1888 und als freier Berater seit 1903 tätig, im Zeitungswesen, in Handel, Industrie, Landwirtschaft, Politik, Versicherungs-, Verkehrs- und Vereinswesen, in Konkurrenz- und Parteikämpfen, im In- und Auslande. Kunden aus der Zeit von 1903 bis 1908 sind heute noch meine Kunden."[20] Gegen ihn seien alle anderen Stümper oder Charlatane. Deswegen sei er dem Verein Deutscher Reklamefachleute (VDR) auch nicht beigetreten, weil dieser eine reine Cliquenwirtschaft sei.[21]

Nicht minder abfällig äußerte er sich zum „amerikanischen" Einfluss in der deutschen Werbung, sowohl was die Methoden[22] betraf als auch im Hinblick auf die Organisationsform der Werbeagentur.[23] Er dagegen zeigte schon über das Design seiner schwarz-weiß-rot gestalteten Briefbögen deutlich an, dass er „deutsch-national" dachte.[24] Revanchistische (Unter-) Töne finden sich auch in etlichen von ihm gestalteten Werbetexten, vor allem aber in seinen Newslettern, den „Iversen-Drucksachen". Sie beginnen allesamt als politische Kommentare und münden stets in eine Selbstempfehlung. Ebenso unverhohlen artikulierte er – verstärkt nach der Machtergreifung der Nationalsozialisten 1933 – seine antisemitische Haltung.[25]

„Konflikte mit der irdischen Gerechtigkeit", wie er es in seiner Selbstdarstellung andeutete, blieben auch an seinem Wahlwohnort Füssen[26], wo er die Stadtverwaltung über Jahre in Atem hielt, nicht aus. Ob es um den Besitz eines Berechtigungsausweises zum Fischen ging, um politische Parolen an öffentlichen Aushangtafeln, der kleinste Anlass reichte Iversen, einen Beschwerdebrief mit massiven Forderungen an die Behörden zu richten.[27]

Füssen am Lech, den 5. September 1928.

H.

An den

Stadtrat,

Füssen.

Wie mir von glaubwürdiger Seite mitgeteilt wird, ist dem wegen eines heimtückischen Mordanschlags zu Zuchthaus verurteilten und infolge der Amnestie entlassenen Röger zwecks Erholung eine kostenfreie Fischkarte verliehen worden.

Ich beantrage dieselbe Vergünstigung auf Kosten der übrigen Steuerzahler für mich, da ich, mich ebenfalls politisch mehrfach unliebsam bemerklich gemacht habe.

Sollte das zur Begründung nicht genügen, so bitte ich, mir mitzuteilen, welches Verbrechen ich begehen müßte, um der gleichen Vergünstigung teilhaftig zu werden, ob es genügt, den Bürgermeister umzubringen, oder ob ich die Republik lästern müßte.

Auch in meiner Eigenschaft als einer der größten Steuerzahler habe ich ein Recht darauf, zu erfahren, von wem und nach welchen Gesichtspunkten die Gebühren für Fischkarten besonders verdienten Mitbürgern erlassen werde

Ich bitte, über mein Gesuch um einen Beschluß des Stadtrats und, falls

Telegrammadresse: Iversen Füssen ▫ Fernsprechanschluß: Füssen Nr. 105 ▫ Postscheckkonto: München 10913.

Abb. 3: Ein typischer Beschwerdebrief Iversens (Quelle: Stadtarchiv Füssen)

Dessen ungeachtet war er selbstredend der beste deutsche Werbefachmann: Das bewies schon sein Fernlehrkurs „Deutscher Werbe-Unterricht", mit dem er Tausende von Schülern in kürzester Zeit zu tüchtigen Reklamefachleuten ausgebildet habe. 1919 erschienen vermittelte dieser in seinen zwölf Heften[28] Unterweisungen zu

Anzeigensatz, Satztechnik und Wirkungsbeurteilung von Schriftgrößen, zum Verfassen wirksamer Anzeigentexte, Werbebriefe, Plakate usw. bis hin zum werbestrategischen Aufbau eines Markenartikels und anderes mehr.[29] Dass dieses Werk das beste war, das auf diesem Gebiet jemals herausgekommen war, suchte Iversen unablässig zu untermauern. Zwischen 1920 bis in die späten dreißiger Jahre hinein druckte er in zahllosen Broschüren Hunderte lobender Urteile von ehemaligen Absolventen, Fachautoritäten usw. ab[30] und sandte sie jedem zu, von dem er sich Multiplikatorwirkung versprach.[31]

Für ihn war sein Werbe-Unterricht allerdings nur ein Zubrot; sein Haupteinkommen erzielte er als Werbeberater. Nach eigener Einschätzung war es nur ihm gegeben, einen Werbetext so spannend abzufassen, dass sich niemand seiner Wirkung entziehen konnte – vor allem weil er ja „mit Vitriol", (also „ätzend")[32] zu schreiben verstünde. Im Zweiten Heft seines Werbe-Unterrichts preist er unverhohlen den „Durchbruch des Kukirol-Stils" in der zeitgenössischen Reklame. Aufgrund seiner „noch nie dagewesenen Texte" sei damit auch eine neue Qualität in der Werbewirkung erreicht worden, sodass nunmehr „alle Reklamebeflissenen, einerlei, ob sie fähig waren, einen nicht langweiligen Text zu schreiben, oder nicht, der heftige Wunsch, ähnliche Umsatzrekorde zu schaffen", erfasst habe.[33]

Abb. 4: Iversens Deutscher-Werbeunterricht (1919/20, (Kultur- und werbegeschichtliches Archiv Freiburg kwaf)

4. 1923: Kukirol kommt auf den Markt

Natürlich hat Iversen nicht nur Kukirol beworben, sondern auch eine ganze Reihe anderer Produkte bzw. Firmen, so z.B. die Orthozentrische Kneifergesellschaft (Berlin), das Schirmfabriklager „Zum goldenen Schirm" (Leipzig), Zinsser's Knoblauch-Tabletten (Leipzig), die „Künstliche Höhensonne" Original Hanau, die Orientalische Tabak- und Zigarettenfabrik Yenidze (Dresden), die Minimax-Apparatebau GmbH (Berlin) oder die Klepper-Faltboot-Werke (Rosenheim), um nur einige zu nennen.[34] Auch differierte sein Werbestil je nach Auftraggeber erheblich. Seine für die Kaffee-Hag-Gesellschaft (Bremen) verfassten Texte unterscheiden sich in Ton und Diktion deutlich von der Kukirol-Kampagne und können als geradezu zeitlos bezeichnet werden. Dies dürfte allerdings der Person des Firmengründers Ludwig Roselius geschuldet sein, der sich selbst intensiv mit Propagandafragen befasste und seinem Werbeberater wohl keine allzu eigenmächtigen Eskapaden erlaubte.[35]

Einen mittelständischen Unternehmer wie den Drogisten Kurt Krisp (1893-1971) jedoch, der im Mai 1919 in Magdeburg eine Fußpflege-Spezial-Firma unter dem Namen Kukirol gegründet hatte[36], konnte Iversen mit seinen vitriol-triefenden Texten begeistern. Die Aggressivität, mit der das Krispsche Hühneraugenmittel am Markt auftauchte[37], zeigt jedenfalls deutlich seine Handschrift. Im Frühjahr 1923 erschien eine erste Serie von Zeitungsannoncen, die wie ein Roman in Fortsetzungen aufgebaut war und deutschlandweit bald zum Tagesgespräch wurde. Nach diesem Muster folgten in den nächsten Jahren weitere Serien: „Frau Schnatterich spricht...", „Sport und Fußpflege" oder „Die Ereignisse in China". Im Zentrum der ersten Serie stand eine Figur mit geradezu romanhaften Zügen: Monsieur Piedecubiste (zu deutsch: Kubikfuß, mithin durch gewaltige Hühneraugen verunstaltet), von seinem Ziehvater auch „Valutaprolet" (d. i. der Typ des durch den Versailler Vertrag allein durch seine Staatszugehörigkeit gewordene Kriegsgewinnler) genannt.[38]

So viel Politik hatte es in den Anzeigenspalten – zumindest in Friedenszeiten[39] – noch nicht gegeben. Stets bedienten die Iversen-Annoncen das Ressentiment der Masse, waren Boulevard-Journalismus in ungewohnter Form, welche die in der Bevölkerung tief sitzende Entrüstung über die im Januar 1923 erfolgte Ruhrbesetzung durch

belgisch-französische Truppen zur Sprache brachten. In der ersten Folge („Aufheben!
Fortsetzung folgt!") wurde der „Valutaprolet" so vorgestellt:

„Wir haben das zweifelhafte Vergnügen vorzustellen: Herrn Piedecubiste aus Antwerpen. Er ist in seiner Heimat Empfangschef, Hausdiener und Zimmerkellner in einem Schiffergasthof vierten Ranges; in Berlin aber ist er, mit den Trinkgeldern eines Monats in der Tasche, valutastarker Ausländer und benimmt sich auch so. – Er hat sich vorgenommen, so viel billige deutsche Ware einzukaufen, dass er Reise und Aufenthalt kostenlos hat und noch 100% Profit dabei macht. – Er hat viel von der ausgezeichneten Wirkung des millionenfach bewährten Hühneraugenmittels Kukirol und des Kukirol-Fußbades gehört, und da es gleich gute Präparate im gesamten Ausland nicht gibt, kauft er in allen Apotheken und Drogerien zusammen, soviel er davon erwischen kann. – Eine freundliche Dame, die er in vorgerückter Stunde in der Friedrichstraße kennenlernt, und die ihm geheimnisvolle Andeutungen über ihre Herstammung aus einer ehemals sehr vornehmen Familie macht, erklärt ihm die Gebrauchsanweisung: Man nimmt ein Kukirol-Fußbad (was ein Fußbad ist, musste sie ihm besonders erklären), bedeckt dann das Hühnerauge mit dem Kukirol-Pflaster, und in einigen Tagen ist es schmerzlos, restlos entfernt. – Kukirol wird hergestellt in der Kukirol-Fabrik Groß-Salze bei Magdeburg."

So weit war in einer Annonce noch niemand gegangen. Die Folge war eine starke Polarisierung bei den Lesern: über die Anzeigenserie wurde heftigst gestritten. Der extrem negativ gezeichnete Zeitgenosse Piedecubiste hatte zudem ein Thema in die Öffentlichkeit getragen, über das man bislang nur hinter vorgehaltener Hand getuschelt hatte und das nun offener gesprochen wurde: Hühneraugenprobleme. In der 14. und letzten Folge seines „Valutaproleten" nahm Iversen genüsslich Stellung zu dem gewaltigen Medienecho, den seine Texte verursacht hatten:

„...Es haben sich z. B. einige gute Leute darüber aufgeregt, daß gewisse Typen des Berliner Nachtlebens vorgeführt wurden. Aber, verehrte Herrschaften, es läßt sich doch nicht leugnen, daß diese Typen vorhanden sind, und statt sich darüber aufzuregen, daß diese mit der Lauge des Spotts beträufelt werden, sollten Sie doch lieber dafür sorgen, daß sie keine Typen bleiben, sondern ekelhafte Ausnahmen werden! Der Verfasser der Texte ist ein gut deutscher Mann. Das haben besonders diejenigen herausgefunden, die ihm ,Ausländerhetze' zum Vorwurf machten. Ach nein, gegen Ausländer im allgemeinen wurde nicht gehetzt, sondern ein verächtlicher Typ vorgeführt, eben der ,Valutaprolet'. Andererseits wurde uns sogar der Vorwurf gemacht, dass durch diese Anzeigen ein

Export unserer Fabrikate nach Belgien in die Wege geleitet werden sollte. Solche Dummheit müßte eigentlich besteuert werden. Wir lehnen jedes Geschäft mit Belgiern und Franzosen ab! Erstens entspräche eine solche Verbindung nicht der Gesinnung des Inhabers unserer Firma, welcher Poincaré und Genossen auf jeder Zehe ein Hühnerauge wünscht, das bis an die Nasenlöcher reicht, damit sie kein Kukirol brauchten, sondern es abkauen könnten. Zweitens haben wir eine solche Verbindung nicht nötig, denn in Deutschland und im neutralen Auslande wird Kukirol als bestes Hühneraugenmittel so stark gekauft, dass wir uns nicht unseren Feinden anzubiedern brauchen..."

Abb. 5: Werbeblatt für Kukirol (Januar 1924, Kultur- und werbegeschichtliches Archiv Freiburg kwaf)

5. Doktor Unblutig betritt die Reklamebühne

Der „Valutaprolet" war freilich nur Iversens erster Kukirol-Streich. Der zweite war die Erfindung der Werbefigur des Doktor Unblutig. In den Jahren 1923 bis 1929 machte dieser gnomenhafte Medizin-Kobold Furore. Im Gegensatz zu eher dekorativ daherkommenden Werbefiguren wie dem Sarotti-Mohren war Doktor Unblutig von Anfang an darauf angelegt, auch eine Art Comic-Held zu sein, was dieser Figur deutlich mehr an Aktionsmöglichkeiten eröffnete. Gezeichnet hatte sie Joel Loewenstein (Joe Loe)[40], der als Grafiker für humorvolle Entwürfe (z.B. für den Fön oder die Salamander-Schuhe) bekannt geworden war und auch schon die Vignetten für den Valutaproleten geliefert hatte. Doktor Unblutig trat sowohl in Farbe (auf Schaufenster-Plakaten) wie auch als schwarz-weißer Serienheld in der Tagespresse auf. Als Hühneraugenkapazität besaß der kleine „Arzt voll Witz und Humor" einen Röntgenblick für das besagte Fußübel.

In der zweiten Juniwoche 1923 betrat er als „Professor der Kukirologie" erstmals die Reklamebühne. Es war der Auftakt für eine jeweils in den Wochenend-Ausgaben der Tageszeitungen geschaltete Serie „In Dr. Unblutigs Sprechstunde". In ihr erhielt der Leser Einblick in die Leidensgeschichten verschiedener Patienten, deren Hühneraugenprobleme Doktor Unblutig mit forschen bis unverschämten Sprüchen kommentierte. Am 15. Juli empfahl er z.B. einem Patienten: „Aber lieber Freund! Wenn man solche Hühneraugen operieren wollte, so brauchte man Säge und Meißel. Das sind ja keine Hühneraugen mehr, sondern schon eher Telephonglocken. Da könnten Sie eine GmbH zur Verarbeitung von Horn drauf gründen.." Oder am 22. Juli einer jungen Dame: „Aha, da haben wir den sogenannten Pflanzentyp, oben Kokainaugen, unten Hühneraugen, oder – oben hui und unten pfui, wie der Dichter sagt, mit der Schlange des Paradieses im Hintergrunde, wenn es nicht etwa ein Strumpf ist. Aber, schönes Fräulein, dieses kleine Hühnerauge, das Sie da an der kleinen Zehe Ihres kleinen Fußes haben, behandeln wir nicht mit Salvarsan, sondern..."

Ein halbes Jahr später traten die in den Annoncen vorgestellten Patienten auf einem Werbeblatt noch einmal en bloc auf, wobei ihr jeweiliges Fußübel diesmal in einem launigen Vierzeiler abgehandelt wurde:

Abb. 6: Launige Verse über Hühneraugenträger, 1924 (Kultur- und werbegeschichtliches Archiv Freiburg kwaf)

„Herr Ober? Sieh da! Wir kennen uns wohl!

Mein Rumpsteak war neulich sehr zäh.

Präparieren Sie den Fuß mit Kukirol,

Ihre Rumsteaks gleichfalls. Ade!..

Ihre Hühneraugen sind kolossal,

Frau Raffke, und dabei voll Reiz.

Warum verschiebt denn der Herr Gemahl

Die Knollen nicht nach der Schweiz?.."

Wie mag dieses Sich-lustig-Machen über die Gebrechen seiner Patienten beim Publikum angekommen sein? War dieses Zerrbild eines Arztes – noch dazu in einer gnomenhaften Comic-Version – dazu angetan, Vertrauen zum beworbenen Produkt zu erwecken? Mochten diejenigen, die an Hühneraugen litten, diesen „Witz" und „Humor" auf ihre Kosten so sehr goutieren, dass sie das so beworbene Produkt auch kauften?

Abb. 7: Mit Doktor Unblutig ein Schwein gewinnen. Preisausschreiben August 1923
(Quelle: Werbarium der 20er Jahre, o.J; o.O.)

Natürlich fragten sich die Leser auch, warum es jeder Anzeige hieß: „Aufheben, Fortsetzung folgt!"[41] Der damit verfolgte Hintersinn offenbarte sich in der zweiten Augustwoche 1923, als Doktor Unblutig ein „nahrhaftes Preisausschreiben" aussetzte mit einem „lebenden, fetten Schwein" als erstem Preis.[42] Beteiligen daran konnte sich nämlich nur, wer die bisher in den Tageszeitungen erschienenen Anzeigen wirklich aufgehoben hatte: „Bedingung ist, dass die Inserate mit den verschiedenen Bildern und Texten, die sämtlich aus der gleichen Zeitung entnommen sein müssen, portofrei mit genauer Adresse, die Vornamen, Zunamen und Beruf enthalten und mit Tinte geschrieben sein muss, eingesandt werden." Außerdem sollte jeder Preisbewerber „1. auf einem 2-seitigen Bogen mit ungefähr 5 Zeilen kurz seine Ansicht über die millionenfach bewährten Weltartikel Kukirol-Hühneraugenpflaster und Kukirol-Fußbad niederschreiben; 2. mit einem beliebigen Bekannten über die Kukirol-Fabrikate und Kukirol-Reklame sprechen und dessen Name, Beruf und genaue Adresse auf dem gleichen Bogen niederschreiben. Außerdem soll noch kurz und ungeschminkt geschrieben werden, was dieser Bekannte über das in sehr vielen Millionen Fällen bewährte Kukirol-Fußbad und ferner, was dieser über die Kukirol-Reklame gesagt hat. Es hat also jeder Bewerber die Ausschnitte aller erschienenen und noch erscheinenden Unblutig-Inserate und den Bogen mit den Niederschriften an die untenstehende Adresse portofrei einzusenden."

Was von den Einsendern an Selbstauskünften verlangt wurde, war nicht eben wenig und kann als früher Versuch einer Marktdurchleuchtung gewertet werden, Adressen und Informationen zu erhalten und nebenbei noch eine Sammlung von Werbeargumenten und Lobsprüchen für zukünftige Anzeigen anzulegen. Doch die Aussicht, in den Monaten der Hyperinflation das tägliche karge Kohlgericht durch eine Fleischeinlage aufzubessern, mag viele Leser zum Sammeln und Einsenden der Kukirol-Anzeigen getrieben haben.

In den folgenden Jahren wurde mithilfe der Doktor-Unblutig-Figur fast alles ausprobiert, was Aufmerksamkeitsgewinnung durch Spektakel versprach. Unerschöpflich erschien dabei das Reservoir sensationeller Ideen und atemberaubender Kampagnen, mit denen die Öffentlichkeit traktiert wurde. Ab 1925 gab es Doktor Unblutig nicht nur als Comic-Figur oder Pappaufsteller, sondern sogar real. Von seiner Physiognomie her an das gezeichnete Vorbild erinnernd, wurde ein Arzt (mit bürgerlichem Namen Paul Wasciewitz) engagiert, der fortan mit der „Weltreisevilla" des Doktor Unblutig (einem umgebauten Omnibus) bis nach Ostpreußen tourte – und dabei zur Musik eines eigens komponierten „Kukirol-Walzers" mit einer Dame seiner Wahl ein Tänzchen wagte[43]. Im Bus waren, neben einem Promotionsraum mit Werbematerial auch ein Behandlungszimmer und ein Bad eingebaut.

Abb. 8: Die „Weltreisevilla" mit dem realen Dr. Unblutig, 1926 (Kultur- und werbegeschichtliches Archiv Freiburg kwaf)

6. Kukirol wirbt – mit Beschimpfungen, Ressentiments, Monstrositäten

1925 steigerte sich der aggressive Ton in den Kukirol-Anzeigen noch: Werbetexter Iversen ließ mit seiner Vitriol-Schreibe zur Hochform auf. Zunehmend wurden jetzt auch Wettbewerber beschimpft, vor allem der Marktführer, das bereits seit der Jahrhundertwende erhältliche Hühneraugenpflaster „Lebewohl". Da inspizierte Doktor Unblutig unter der Schlagzeile: „Wer hat sechseckige Hühneraugen?" das Konkurrenzprodukt und machte es in allen seinen Bestandteilen madig, vom „Pflasterkern der Hühneraugenbinde", der sogar die „gesunden Hautteile" entzünde und „rasende Schmerzen" verursache über „den Filzschutzring", der den Druck und somit die Schmerzen erhöhe bis hin zum „Heftplasterstreifen", der sich durch die Fußwärme zusammenrolle und „Nervöse noch nervöser, als sie es schon sind", mache. „Der einzige Vorzug des Konkurrenz-Präparates ist die sechseckige Form des Pflasters. Wenigstens für diejenigen, die sechseckige Hühneraugen haben."

Auch politische Kommentare, in denen sich Iversens deutsch-nationaler Einstellung unverhohlen dokumentierte, gingen Doktor Unblutig nun locker von den Lippen. Da inspizierte er z.B. eine Einheit der angetretenen Reichswehr: *„Rührt euch! Was ich Ihnen mitzuteilen habe, ist als militärisches Geheimnis zu behandeln, sonst könnte es wieder diplomatische Schwierigkeiten geben. Denn bekanntlich hängt die Schlagkraft einer Truppe von ihrer Marschfähigkeit ab. Da nun die Ententekommission in jeder alten Gummiunterunterlage und in jedem Luftkissen eine Gasmaske wittert, besteht die Gefahr, dass sie bei Verwendung der vorzüglichen Kukirol-Präparate bei der Reichswehr eine unzulässige deutsche Rüstungsmaßnahme erblickt und die Zerstörung der Kukirol-Fabrik verlangt. Deshalb rate ich Ihnen: Kukirolen Sie! aber kukirolen Sie heimlich. Die Entente darf nicht wissen, dass der deutsche Soldat keine Hühneraugen und keinen Fußschweiß mehr hat und dass es bei uns kein Wundlaufen der Füße mehr gibt, sonst bekommen es die Sieger wieder mit der Angst..."*

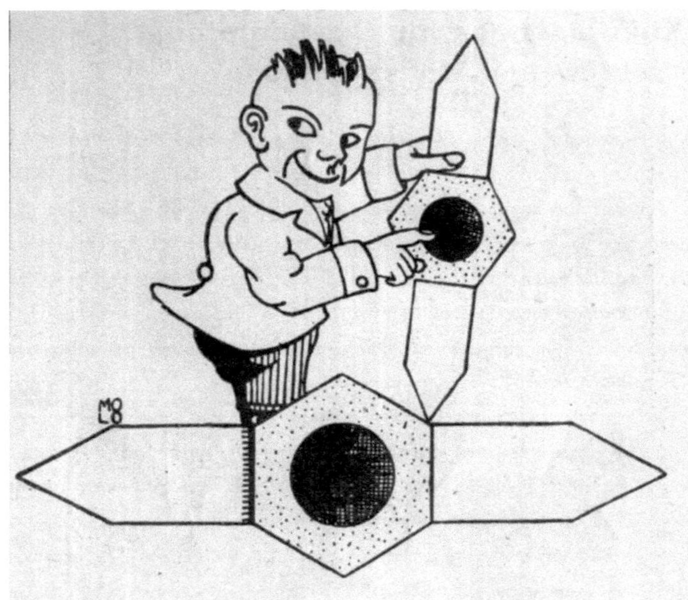

Abb. 9: Anzeige des "sechseckigen" Konkurrenzprodukts (Berliner Illustrierte Zeitung, 1926)

Zur Jahresmitte 1925 war ein Ziel erreicht: Über keine andere deutschsprachige Kampagne, noch dazu von einer so kleinen Firma, wurde so viel gesprochen wie über Kukirol. Selbst dann, wenn Doktor Unblutig eine Werbepause einlegte, wurden in der Zwischenzeit Anzeigen mit vergleichbar hoher Vitriol-Dosis lanciert, z.B. über „Adolar, den Unbeweibten" mit „sektkorkengroßen" Hühneraugen, „Tante

Josephine" („Besitzerin von sechs gut entwickelten hypothekenfreien Hühneraugen, zwei eingewachsenen Nägeln und einer stadtbekannten Warze"), gefolgt von „Bildern zur Zeitgeschichte". Auch die weltmännische Geste war der Kukirol-Reklame nicht fremd – etwa in einer Serie, in der ein alter chinesischer Mandarin auftrat, welcher die Kolonialpolitik der alten Großmächte scharf kritisierte: *„Seit Jahrzehnten zerbrechen sich unsere uneigennützigen Freunde, die Engländer, unsere edelen Wohltäter, die Amerikaner, die ritterlichen Franzosen und unsere lieben Nachbarn, die Russen, die Köpfe darüber, was zu unserem Wohle noch geschehen könnte. Deutschland, zurzeit machtloseste Großmacht, hat uns kein Ultimatum und keinen Panzerkreuzer geschickt, sondern nur die freundliche Aufforderung: Kukirolen Sie! Von allen Errungenschaften der westlichen Kultur schätzen wir nur das Kukirol..."*

Ein wahres Monstrositätenkabinett präsentierte im Sommer 1925 die Serie „Eheirrungen in der Tierwelt"; anhand skurriler Grafiken wurden die phantastischsten Tierkreuzungen vorgeführt wie das Kamelkrokodil, die Heringskuh oder der Mückenelefant. Der Text des letzteren zeigt, welche Verrenkungen Iversen inzwischen unternahm, um von einem an den Haaren herbeigezogenen Aufhänger zur Produktauslobung zu gelangen: *„Dem bekannten Afrikaforscher Knatterbull ist es gelungen, in der Nähe des Wendekreises in den Gebieten der Negerstämme der Dämelacks und der Kanaphagen ein bislang unbekanntes Tier zu entdecken und es lebend nach Europa zu bringen: den Mückenelefanten (elephas müccensis Knatterbulli)... Hagenbeck in Hamburg, bei dem das Tier einstweilen verpflegt wird, hat sich deshalb die gesamte Literatur über Kukirol bestellt und im Elefantengehege, wo es untergebracht ist, ein Plakat aufgehängt: Kukirolen Sie!"*

Abb. 10: Jahrmarktstil ohne Ende: Selbst der Zirkuselefant „kukirolt" (Berliner Illustrierte Zeitung, 1926)

7. Die Welt „kukirolt!"

„Kukirolen Sie!" – Diese ungewöhnliche Verbalform wurde in der Tat von vielen Zeitgenossen als genialer Reklamecoup angesehen. Noch im Sommer 1924 hatte es noch recht bieder geheißen „Hühneraugen klein und groß wirst durch Kukirol du los!" und sich nicht vom üblichen Merkvers-Stil der Konkurrenz unterschieden. Ab Dezember 1924 wurde konsequent zum Slogan „Kukirolen Sie!" gewechselt.[44] Ein halbes Jahr später war dieses Kunstwort mitsamt der Figur des Doktor Unblutig in vielen Köpfen bereits fest verankert. Das ist durch diverse Reaktionen – auch aus dem Ausland – belegt. Der Moskauer Regisseur Alexander Tairoff etwa, Erfinder des „entfesselten Theaters", verarbeitete die Reklamekampagne noch im selben Jahr zu seiner avantgardistischen „Kurikol-Revue". Damit glaubte er dem Moskauer Publikum die Quintessenz dessen, was in Deutschland en vogue war, zu präsentieren. Der Höhepunkt von Doktor Unblutigs Ruhm in Deutschland stellte jedoch das Titelbild des Simplicissimus vom 14. Dezember 1925 dar. Als Karikaturen traten auf und als „Dr. Blutig" apostrophiert, Benito Mussolini und, als sein Widerpart, der Gnom Dr. Unblutig. Darunter als kommentierende Legende: „Kukolini und Mussirol".

Indessen: das ohrenbetäubende Kukirol-Spektakel sorgte offenbar nicht für entsprechend hohe Umsätze. Im Frühjahr 1926 jedenfalls schien die Firma Kurt Krisp kurz vor dem Konkurs zu stehen; zahllose Rechnungen bei den Insertionsorganen waren nicht bezahlt worden, es musste „Geschäftsaufsicht" beantragt werden. Vor diesem Hintergrund erschien Anfang April 1926 in der Fachzeitschrift „Die Reklame" ein Artikel, der schonungslos mit dem Kukirol-Kampagne ins Gericht ging:

„Von der Dackelschlange und dem Kamelkrokodil bis zum Minister Stresemann und dem Volkskommissar Radek mußten wir den Kelch der Kukirolreklame kosten. Vom Weiteren (Die Weltreise) ins Engere (Wo bleibst Du, Schatz, fragt er verstohlen? Ich muß erst, sagt sie, kukirolen!) schweifte der neckische Doktor Unblutig, und es gibt wohl keine Sünde wider den guten Geschmack, die der Brave während seines kurzen Erdenwallens nicht verbrochen hätte.

Abb. 11: Titelbild vom Simplicissimus von 14. Dezember 1925

Am betrüblichsten für das deutsche Werbewesen ist aber nicht einmal Herr Doktor Unblutig selbst,

der wenigstens ein Original darstellt, als vielmehr die Seuche, die er - fortzeugend - in Deutschland

verbreitete. Jede bessere Firma der Markenartikelbranche versuchte, Herrn Krisp zu imitieren oder nach Möglichkeit zu übertrumpfen... Es soll nicht geleugnet werden, daß die Kukirolfabrik zu Anfang mit ihrer Reklame Erfolg hatte. Warum? Die Sache war neu, das Publikum, auch das ‚bessere‘, reagierte lebhaft auf starke Reize, was mit der geistigen Einstellung der Bevölkerung zusammenhing, die Krieg, Revolution und Inflation durchgemacht hatte. Auf einen Kardinalfehler der Kukirolreklame habe ich schon in einem früheren Aufsatz hingewiesen. Es war der ‚falsche Ton‘, auf den die ganze Werbung Krisps gestimmt war, das Ressentiment und das allzu Volkstümliche, man kann schon sagen Gewöhnliche (im schlechten Sinn). Herr Doktor Unblutig hat von Anfang an zu laut geschrien, da mag es nicht verwunderlich erscheinen, wenn ihm zuletzt die Puste ausging.“[45]

Offenbar gelang es doch noch, die Firma vor dem Konkurs zu retten. Im November 1926 jedenfalls taucht Doktor Unblutig in den Anzeigenspalten nach längerer Abwesenheit wieder auf – und kann sich natürlich nicht versagen, seinen eilfertigen Grabrednern eine lange Nase zu drehen unter der fetten Schlagzeile: „Dr. Unblutig lebt!“ Im Hintergrund sieht das Publikum einen frustrierten Sensenmann davonschleichen. Nur „die mörderische Wirtschaftsgrippe“ sei schuld an seinem Schwächeanfall gewesen. Und nun dreht der Arztgnom in altbekannter Manier wieder auf:

„Da stand er vor mir, der knöcherne Lebensfadenabschneidergehilfe, und tanzte vor Freude wie wild einen Charleston... Gewiss, etwas unpässlich bin ich vorübergehend gewesen, aber keineswegs lebensgefährlich erkrankt... Der aber meinte, dass er das besser wissen müsste. Mein Lebenslicht wäre am Erlöschen. Als ich ihm das ausreden wollte, nahm er mich an der Hand und führte mich in den großen Saal, in dem unendlich viele Lebenslichter brennen. Als uns beide dort der Tod selbst sah, schüttelte er missbilligend den Kopf und sagte zu seinem Gehilfen: ‚Das hast du falsch gemacht. Sieh hier den Stein des Lichtes!‘ und er wies dabei auf den funkelnden Stein, der wie hunderttausend Lichter strahlte: „Das ist der Kukirol. Der wird nie erlöschen, weil es immer Menschen geben wird, die an Hühneraugen, Hornhaut, Fußschmerzen und an kalten und nassen Füßen leiden...“

Ende Mai 1927 erreichte Doktor Unblutig sogar noch spielend den Gipfel der Geschmacklosigkeit: *„Wenn die vielen, vielen Millionen Hühneraugen auf einen Lagerplatz zusammengetragen würden, die infolge meiner guten Ratschläge durch das vielmillionenfach bewährte, noch nie übertroffene Kukirol-Hühneraugen-Pflaster schmerzlos in wenigen Tagen beseitigt worden sind, so könnte man zu ihrer industriellen Verwertung eine große Fabrik daneben bauen. Und wenn* *alle Schmerzen, die durch das Kukirol schon gestillt worden sind, zu einem großen Schmerze zusammengefasst werden würden, so würde das Weltall aufheulen: Kukirolen Sie!"*

Abb. 12: Dr. Unblutig lebt... im November 1926 (Berliner Illustrierte Zeitung)

Abb. 13: Das Weltall heult auf... (Berliner Illustrierte Zeitung, 1927)

Und wieder wurde der Arztgnom zu Grabe getragen. Diesmal von keinem Geringeren als Carl Zuckmayer, der ihm Ende April 1928 ein Epitaph widmete:

„O Jammer, dass er nicht mehr lebt!
Ich habe zwar niemals Hühneraugen besessen,
doch jahrelang danach gestrebt,
so lang er wirkte unvergessen.

Ein Volk in Hühneraugen statt in Waffen,
den großen Fuß ins herbe Joch gezwängt.
Er hätte Deutschlands Sohle neu geschaffen:
Zu spät, zu spät!
Der Tod, ein Judensöldling, hat auch ihn verdrängt.“[46]

Und noch einmal erhob er sich von seinem Sterbebett, diesmal freilich nur noch als matter Schatten seiner selbst. Die 1929 geschalteten Anzeigen boten nämlich keine neuen Geschichten mehr: Sie wiederholten exakt dieselben Motive, die schon vier Jahre zuvor, nämlich 1925, in der Presse zu lesen gewesen waren. Doktor Unblutig war endgültig „die Puste ausgegangen“. Seine Spur verlor sich in den Wirren der Weltwirtschaftskrise. Nicht einmal das Kunstwort „kukirolen“ blieb, im Gegensatz zum ebenfalls nur durch eine Werbekampagne geprägten „einwecken“ [47] im kollektiven Gedächtnis verhaftet.[48]

8. „Reklame" versus „Werbung"

Trotz ihrer Auffälligkeit ist die Kukirol-Kampagne bislang in keiner wissenschaftlichen Arbeit zur historischen Werbung auch nur erwähnt worden.[49] Immer wieder wurde dagegen auf die „modernen" Tendenzen, die sich vor allem in der zweiten Hälfte des Jahrzehnts Bahn brachen, verwiesen: dazu zählen die Anfänge der Marktforschung, das Aufkommen von Soziologie und Psychologie als neuen Hilfswissenschaften in der Werbung oder das neue selbstbewusste Frauenbild. All das zeichnet Kampagnen von Massenprodukten wie Seifen, Zigaretten oder Margarine aus. In der Struktur ihrer Appelle (unendliche Variationen der immergleichen Grundaussage) sowie ihrer Optik unterscheiden sich diese Anzeigen der zwanziger Jahre nur wenig von denen der Nachkriegszeit oder heutiger. Schon von daher empfinden wir sie noch heute als „Werbung".[50]

Dagegen kann die Kukirol-Kampagne als Musterbeispiel von „Reklame" gelten, schon weil sie, nach der Definition Hans Domizlaffs, alle Kennzeichen eines „verhängnisvollen Jahrmarktstils"[51] in sich vereinigt. Im öffentlichen Leben der zwanziger Jahre kann sie mitsamt der bizarren Werbefigur des Doktor Unblutig gleichwohl einen festen Platz beanspruchen, fügt sie sich doch ins spannungsreiche Bild der Zeit nahtlos ein. Dieses war in vielen Lebensbereichen geprägt durch die Suche nach neuen Ufern, nach Sprengung überkommener Konventionen – dafür stehen die Revuen und Varietés, das entfesselte Theater oder die „befreite Kamera" in Fritz Langs Film Metropolis von 1926[52] - all das vor gleichzeitig stark aufkommenden national-konservativen Strömungen.[53]

Niemals mehr war auch die Spannweite zwischen Strategien, Mitteln und Motiven in der Werbung größer als in den zwanziger Jahren. Der Gegensatz etwa zwischen der Werbeberatung eines Kurt Schwitters und der eines Johannes Iversen konnte nicht extremer gedacht werden als er faktisch war. Setzte der eine auf typographische Elemente, die dadaistische Traditionen mit Konzepten der neuen Sachlichkeit verbanden, so vertraute der andere ausschließlich der Kraft des werbenden, seines werbenden Wortes.[54]

Abb 14: Eigenanzeige der merz-Werbezentrale von Kurt Schwitters von 1928 (aus: Robert Kuhn: Dichter als Texter, Stern-Bibliothek, Hamburg 1996, S. 48)

Das weitere Schicksal des Doktor Unblutig kann exemplarisch dafür stehen, welche strukturellen Gefahren (bis heute) die Verwendung von Werbefiguren in sich birgt.

Dr. Unblutig
wie er wirklich aussieht

Die Ihnen bisher bekannt gewordenen Bilder waren Karikatur. Heute sehen Sie das Porträt. Dr. Unblutig hält sich, nachdem er mit seiner Welt-Reisevilla, dem bekannten Wohnautomobil, Oesterreich, die Tschechoslovakei und Polen durchquert hat, z. Zt. in Ostpreußen auf, um auch dort unsere auf dem Gebiete der Fußpflege geleistete Pionierarbeit fortzusetzen, und Jeden von der Wichtigkeit der Fußpflege und dem Nutzen der weltbekannten, vielmillionenfach bewährten Kukirol-Erzeugnisse zu überzeugen.

Das Altern

beginnt in den Füßen, weil diese am meisten gebraucht werden und dauernd die schwere Last des Körpers zu tragen haben. Warten Sie nicht, bis Ihre Füße diese Last nicht mehr tragen können, sondern beugen Sie vor, und machen Sie die von vielen hundert Aerzten empfohlene Kukirol-Fußpflege-Kur jetzt, wo Ihre Füße noch gesund sind.

Bei Fußschmerzen, Brennen, Wundlaufen, Ueberanstrengung und rascher Ermüdung der Füße leistet ein Kukirol-Fußbad wundervolle Dienste. Das Kukirol-Fußbad enthält neben anderen wertvollen Bestandteilen einen starken Fichtennadel-Zusatz. Es erfrischt und stärkt Ihre Füße, sodaß Sie große Wanderungen unternehmen und stundenlang gehen und tanzen können, ohne zu ermüden. Machen Sie den Versuch einmal und Sie werden begeistert sein. Eine Sparpackung, für 5 Bäder ausreichend, kostet 1 Mark, eine Doppelpackung, für 2 Bäder 50 Pfg.

Hühneraugen

Hornhaut, Schwielen und Warzen beseitigt das von vielen hundert Aerzten empfohlene und als das wirksamste bezeichnete Kukirol-Hühneraugen-Pflaster. Die Beseitigung erfolgt schnell, sicher, schmerz- und gefahrlos. Ein Verrutschen oder Festkleben am Strumpf ist bei Beachtung der Gebrauchsanweisung völlig ausgeschlossen, weil das Kukirol-Hühneraugen-Pflaster besten Kautschuk enthält. Eine Packung echtes Kukirol-Hühneraugen-Pflaster kostet 75 Pfennig und reicht zur Beseitigung von 12 bis 15 Hühneraugen aus.

Als Neuheit

brachten wir kürzlich antiseptisch imprägnierte Kukirol-Einlegesohlen in den Handel und haben damit sehr schnell zahlreiche neue Kukirol-Freunde gewonnen. Die antiseptisch imprägnierten Kukirol-Einlegesohlen saugen den Schweiß und die Feuchtigkeit wie ein Löschblatt auf. Sie sparen dadurch Strümpfe und Schuhwerk, die sonst der Schweiß zerfrißt. $\frac{1}{2}$ Dtzd. Paar antiseptisch imprägnierte Kukirol-Einlegesohlen kosten nur 50 Pfennig. —

Sie erhalten die echten Kukirol-Erzeugnisse überall in stets gleichbleibender Güte. Hüten Sie sich aber vor wertlosen Nachahmungen in ähnlichen Packungen oder mit ähnlich klingenden Namen. Verlangen Sie bestimmt

Kukirol!

Lassen Sie sich auch nicht einreden, die Kukirol-Fabrik existiere nicht mehr, oder sie sei in ausländische oder in andere Hände übergegangen, oder der Name der Fabrik sei geändert worden. Diese Behauptungen werden aus sehr durchsichtigen Gründen verbreitet. Die Kukirol-Fabrik und die Herstellung der Kukirol-Erzeugnisse wird in unveränderter Weise weitergeführt.

Kukirol-Fabrik Kurt Krisp, Groß-Salze bei Magdeburg

Abb. 15: Der "wirkliche" Dr. Unblutig (Berliner Illustrierte Zeitung, 1926)

1.) Eine Werbefigur, die zugleich als (reale) Autoritäts- und als (gezeichnete) Witzfigur fungieren soll, hat ein fundamentales Kommunikationsproblem. Klaus Brandmeyer hat Werbefiguren einmal in vier Kategorien unterteilt: Erlöser (deus ex machina), Vorbilder (z.B. Frau Sommer), Lehrer (z.B. Dr. Best) und Kobolde (z.B. der Gilb).[55] Der reale Dr. Unblutig in seiner Weltreisevilla sollte als Lehrer fungieren, der gezeichnete war - als Karikatur eines Arztes - nie mehr als ein Kobold. Diese Bruchstelle im Konzept ist auch der Firma Kurt Krisp nicht verborgen geblieben; mehrfach wurde in Anzeigen auf den realen Dr. Unblutig rekurriert („Dr. Unblutig - wie er wirklich aussieht"). Und dennoch wurde an der Comic-Figur über sieben Jahre hin eisern festgehalten. Diese doppelte Kommunikationsstrategie konnte das Publikum nicht nachvollziehen. Sollte es über Dr. Unblutig nun lachen oder sollte es ihn ernst nehmen? Beide Kommunikationsstrategien neutralisierten einander in ihrer Wirkung.

2.) Sicherlich werden sich Kurt Krisp und Johannes Iversen gefragt haben, warum sich die ungeheure Popularität des Doktor Unblutig nicht in entsprechend hohen Umsätzen niederschlug. Spätestens im Herbst 1924 war die Werbefigur ihrer dienenden Funktion gegenüber dem zu bewerbenden Hühneraugenpflaster entwachsen und hatte in der Wahrnehmung des Publikums ein Eigenleben (der sogenannte „Vampir-Effekt") entfaltet, von der immer mehr Unterhaltung verlangt wurde – zum Schaden des Produkts, dessen Vertrauenskapital sie untergrub.

3.) Das Kernproblem der Kukirol-Werbung bestand darin, dass die Semper-idem-Idee, die bis heute die Seele jedes echten Markenartikels ausmacht und das einzige Mittel ist, das Vertrauen des Publikums nachhaltig zu gewinnen, in fast jeder Anzeige schamlos verraten wurde. Erfolgreiche Convenience-Produkte wie etwa die legendäre „Elida"-Seife[56] veränderten nie auch die scheinbar unwichtigsten Konstanten im Zeichensystem ihrer Werbeaussagen. Dagegen macht die Kukirol-Kampagne den Eindruck einer Wanderbaustelle, auf der immer wieder Neues ausprobiert wurde. So wurde z. B. Ende 1924 das zunächst stets wiederkehrende Logo mit Hinweis auf die Schutzmarke „Hahnenkopf mit Fuß" zugunsten des Imperativs „Kukirolen Sie!" ersatzlos gestrichen.

Abb. 16: Ein Motiv aus der Elida-Kampagne (Berliner Illustrierte Zeitung, 1926)

4.) Einmal die Ressentiment-Trommel angeschlagen gab es für Kukirol von Anfang an nur noch eine Richtung: die Flucht nach vorn, mit einem stets sich steigernden Aufwand an Phantasieeinsatz, in immer spektakulärere, waghalsigere und unglaubwürdigere Kampagnen hinein. Es war nur eine Frage der Zeit, wann der Zusammenbruch dieser Strategie aufgrund von Erschöpfung erfolgen musste.[57]

9. Epilog

Sicherlich hat es nach Iversen kaum einen anderen Werbeberater gegeben, der seine Charakterprägung, sein Temperament und seine Ressentiments so ungehemmt in die von ihm gestalteten Texte einbrachte wie er dies zu seiner Zeit noch tun konnte und durfte. Wie nicht wenige seiner Werber-Kollegen repräsentiert er den Typus des gescheiterten Künstlers oder Schriftstellers, der die Reklame als lukratives Betätigungsfeld für sein Talent entdeckt. Unter seinesgleichen erregte er damit viel Bewunderung[58], bei „echten" Dichtern hingegen eher Kopfschütteln oder Schmunzeln.

„Die Mode von gestern ist lächerlich. Selig, wer das Übermorgen erlebt. Seiner ist das Klassische, ein ewiger Wert ist er geworden, und so geht er ein in die Unsterblichkeit: Fritz v. Unruh, die bekannte Schöpfung des ‚Berliner Tageblatts'; Paul v. Hindenburg, der Vater der Republik; und Kukirol, der Erfinder der schwarzen Füße. Ihrer ist das Himmelreich."[59] (Kurt Tucholsky)

---

[1] Vgl. Thomas Gubig/Sebastian Köpcke: Chlorodont. Biographie eines deutschen Markenproduktes, Dresden o.J. (ca. 1994).

[2] Vgl. Robert Kuhn/Bernd Kreutz: der Matrosenanzug. Kulturgeschichte eines Kleidungsstücks, Dortmund 1989.

[3] Vgl. Karl Graak: „Wirb oder stirb!" 100 Jahre Lyrik in der Werbung. Die schöne Kunst der Selbstdarstellung, Köln 1988.

[4] Vgl. Rita Gudermann/Bernhard Wulff: Der Sarotti-Mohr. Die bewegte Geschichte einer Werbefigur, Berlin 2004.

[5] Weder der Slogan „Kukirolen Sie!" noch der dafür einstehende Dr. Unblutig sind bislang Thema werbe-, kultur- oder literaturwissenschaftlicher Untersuchungen gewesen. Selbst Handbücher zu Slogans oder Werbefiguren nennen sie nicht! Vgl. Wolfgang Hars: Lurchi, Klementine & Co. Unsere Reklamehelden und ihre Geschichten, Berlin 2000 bzw. ders.: Nichts ist unmöglich! Lexikon der Werbesprüche. 500 bekannte Slogans und ihre Geschichte, Frankfurt 1999.

[6] Vgl. Werbarium der zwanziger Jahre. Ein Kapitel deutscher Werbegeschichte, aufgeblätter von HörZu, o. 0., o.J. (ca. 1980), S. 46;
Union Deutsche Lebensmittelwerke GmbH Hamburg (Hg.): 111 Jahre Fett nach Maß. Zeitdokumente von Napoleon bis heute erzählen die Geschichte der Margarine und anderer Pflanzenfette am Beispiel von Rama, Sanella, Palmin, Hamburg o.J. (1981)

[7] Vgl. Henriette Väth-Hinz: Odol. Reklame-Kunst um 1900 (Werkbund-Archiv 14), Gießen 1985.

[8] Generell gilt: Je länger eine Werbekampagne zurückliegt, umso dürftiger sind die Quellen, die zuverlässige Aussagen über die ihr zugrunde liegenden Strategien, die daran beteiligten Fachleute, die zeithistorischen Implikationen usw. erlauben. Schon bei vielen Kampagnen der 50er Jahre sind außer den werblichen Endprodukten keinerlei weitere Informationen mehr greifbar. Für eine so lang zurückliegende Kampagne wie Kukirol liegen natürlich keine Media-Daten vor. Da die Untersuchung also nicht von empirisch gesicherten Daten (Anzahl der Insertionstitel, Einschaltkosten, Reichweite etc.) ausgehen kann, bleibt nur der Weg, durch sensible Interpretation möglichst vieles daran evident zu machen.
Zur methodischen Problematik von Werbeaussagen als Quellen der Zeitgeschichte generell: Rainer Gries/Volker Ilgen/Dirk Schindelbeck: „Ins Gehirn der Masse kriechen!" Werbung und Mentalitätsgeschichte, Darmstadt 1995 (Vorwort: Kursorische Überlegungen zu einer Werbegeschichte als Mentalitätsgeschichte, S. 1-28).

[9] Bei dem im Folgenden verwendeten Material handelt es sich über weite strecken um sogenannte graue Literatur. Viele Zitate Johannes Iversens z. B. entstammen diversen Werbeflyern, Newslettern etc., die heute im Bestand des Kultur- und werbegeschichtlichen Archivs kwaf Freiburg sind.

[10] Wie so viele andere Werbefiguren ist auch Doktor Unblutig ein „sprechender Name", der verheißt, Hühneraugen entgegen der damals verbreiteten Gewohnheit, Hühneraugen mit dem Messer oder anderen scharfkantigen Gegenständen selbst zu entfernen – mit Folgen wie Infektionen oder Blutvergiftungen – „unblutig" beseitigen zu können. Da wochen- und monatelanges Stehen in vollgelaufenen Schützengräben völlig neue Krankheitsbilder hervorgebracht hatten, bestand für solche Produkte jetzt ein großer Bedarf.

[11] Vgl. Volker Ilgen/Dirk Schindelbeck: Am Anfang war die Litfasssäule. Illustrierte deutsche Reklamegeschichte, Darmstadt 2006, insbesondere S. 77-110 „Die Zeit fährt Auto". Reklame in der Weimarer Republik bis 1933.

12 Dirk Schindelbeck: „Lieber Herr Flieger! Schreiben Sie doch mal Ursel... So heiße ich.",
in: Christian Kleinschmidt (Hg.): Kuriosa der Wirtschafts- und Technikgeschichte.
Miniaturen einer „Fröhlichen Wissenschaft", Essen 2008, S. 230-238.
13 Schon 1903 hatte sich der Verein Berliner Reklamefachleute gegründet, 1908 umbenannt
in Verein deutscher Reklamefachleute; ab 1909 wurde mit den „Mitteilungen des Vereins
deutscher Reklamefachleute" auch eine eigene Fachzeitschrift herausgegeben.
14 Schon Robert Exner, der wie Iversen zur Pioniergeneration deutscher Werbefachleute
gehört, präsentierte sich 1893 in der von ihm herausgegebenen ältesten deutschen Reklame-
Fachzeitschrift als „Reklame-Anwalt" mit „unschätzbarer praktischer Erfahrung, wie
dieselben nirgends zu finden sind", in: Robert Exner: Moderne Reklame, Zittau 1893,
(Eigenanzeige) S. 96
15 J.J. Kaindl: Biographien von verschiedenen Werbefachleuten, Wien Ober-St. Veit 1921;
ders.: Bücher und Schriften über Reklame, Plakatkunst, Zeitungswesen, Geschäfts-
Organisation, Wien Ober-St. Veit 1928, S. 82.
Ein anderes Editionsprojekt, das Werbefachleute in Einzelporträts vorstellen wollte, kam
wegen der wirtschaftlichen Probleme in den Inflationsjahren über den ersten Band nicht
hinaus: Max R. Lang (Hg.): Deutsche Werbeköpfe, Bd. 1: Christian Adalbert Kupferberg,
Berlin/Leipzig 1923.
16 Johannes Iversen: „Geschäftskniffe im heutigen Konkurrenzkampf. Heiteres und Ernstes,
Moralisches und Unmoralisches aus der geschäftlichen Praxis (Selbstverlag), München-
Pasing 1918, 2. Aufl., Leipzig 1925.
17 Dirk Schindelbeck: Hans Domizlaff oder die Ästhetik der Macht. Eines Werbeberaters
Geschichte, in Geschichtswerkstatt, Heft 25, 1992, S. 13-30 sowie Gerulf Hirt: Verkannte
Propheten? Zur Diskrepanz zwischen Status und Einfluss der „Gründergeneration" in der
westdeutschen Werbewirtschaft 1945 – 1966/67, in: Zeitschrift für
Unternehmensgeschichte ZUG, Nr. 1, 2011, S. 48-74.
18 Man denke z.B. nur an Lucian Bernhard oder Ludwig Hohlwein, deren Arbeiten längst
zur sogenannten Hochkunst gerechnet werden. Vgl. hierzu Jürgen Döring/Holger Klein-
Wiehle (Hg.): Grafik-Design im Jugendstil. Der Aufbruch des Bildes in den Alltag. Ein
Bestandskatalog (des Hamburger Museums für Kunst und Gewerbe), Hamburg 2011, mit
Werken und Biographien von mehr 200 Gebrauchsgrafikern vor 1914.
19 Immerhin hat sich Johannes Iversen Gedanken über seine Geschäftsprinzipien gemacht.
In seinem Buch „Geschäftskniffe..." (1918, S. 71/72) heißt es: „Die Vermittlung von
Inseratenaufträgen muss ich prinzipiell ablehnen. Zu meinen Aufgaben gehört es, meinem
Klienten zu zeigen, wie sie die billigsten Inseratenpreise hereinholen. Wenn ich selbst
Inseratengeschäfte machte, so hätte ich entgegengesetzte Interessen... Ich arbeite nie für
zwei konkurrierende Firmen gleichzeitig."
20 So z.B. in seinem Newsletter „Werbeberater" (o.J., ca. 1930).
21 Vor allem wenn seine Konkurrenten promoviert waren, die Verwissenschaftlichung der
Reklame vorantrieben oder für die Übernahme amerikanischer Ideen in Deutschland
eintraten, schrieb sich Iversen in Rage. Zu seinen Intimfeinden gehörten Johannes
Weidenmüller (1881-1936), der in den zwanziger Jahren als werbwart mit Büchern wie
„gesang vom werbewerk" und seiner „anbietlehre" Furore machte oder – jüdischen
Glaubens – Dr. Kurt Friedländer, der ebenfalls einen Werbelehrkursus herausgebracht hatte
(in welchem er amerikanische Werbemethoden pries) schon von daher sein direkter
Konkurrent war.
22 „In Amerika machte jemand die welterschütternde Entdeckung, dass Reklame ehrlich sei
müsse. Sogleich heulte in Deutschland der ganze Chor: Truth in advertising! Für die
Würdelosigkeit dieses Vorganges hatten die damaligen Reklamefachleute kein Gefühl,
konnten es auch nicht haben, denn nicht der Deutsche gab den Ton an, sondern die Dr.
Friedländer, Dr. Kaufmann, Joel Löwenstein (genannt Joe Loe), Aron Halberthal aus
Rumänien (genannt A. Halbert) und Andere, die den Brauch der Beschneidung auf ihre

Namen ausgedehnt hatten und leider noch nicht ganz verschwunden sind." Zit. Iversen-Drucksache Nr. 13. März 1934: Rührt euch!

23 Vgl. Dirk Schindelbeck: Asbach Uralt und Soziale Marktwirtschaft, Zur Geschichte der Werbeagentur am Beispiel von Hanns W. Brose, in Zeitschrift für Unternehmensgeschichte ZUG, Nr. 4/995, S. 238-254; vgl. auch Stefan Hansen (Hg.) Alexander Schug, Hilmar Sack: Moments of Consistency. Eine Geschichte der Werbung (über die Dorland Werbeagentur, Eigenverlag), Berlin 2004.

24 Diese Quellen und diverse Informationen zu Iversen verdanke ich Ruth Michelbach vom Stadtarchiv Füssen.

25 Vgl. Anmerkung 20.

26 Die Erklärung dafür, warum Iversen ausgerechnet Füssen zu seinem Domizil wählte, findet sich in seinen Schriften. Mehrfach macht er Firmeninhabern den Vorschlag, während einer Urlaubsreise bei ihm (also in der Nähe der Königschlösser!) ihre Werbepläne durchzusprechen. Wer die beste Reklame Deutschlands haben wollte, sollte sich also gefälligst zu ihm begeben. In dieses Konzept fügte sich auch der Ankauf verschiedener Wohnhäuser in Füssen (Promenadenweg 4 und 6) als geeigneten Übernachtungsquartieren für seine Gäste.

27 Noch 1938, im fortgeschrittenen Alter von 75 Jahren, beantragte Iversen ein Ehrengerichtsverfahren gegen den stellvertretenden Reichsfachschaftsleiter der NSRDW (Nationalsozialistische Reichsfachschaft deutscher Werbefachleute) Richard Künzler, den er, der ehemals sein Schüler gewesen war, für unfähig und bestechlich hielt. In einem persönlichen Brief an Propagandaminister Joseph Goebbels beschwerte er sich im Juli 1938 über ihn, „dessen Allgemeinbildung äußerst mangelhaft ist, wie mir bei einer Firma, bei der er früher angestellt war, und von einem seiner ehemaligen Schulkameraden bestätigt wurde." Am 13. September 1938 wurde Iversen, „dem Werberat seit langem als übler Querulant und Denunziant bekannt", aus der Reichsfachschaft ausgeschlossen – womit seine Karriere als Werbefachmann endgültig beendet war. Zit: Waltraud Sennebogen: Zwischen Kommerz und Ideologie. Berührungspunkte von Wirtschaftswerbung und Propaganda im Nationalsozialismus, München 2008, S. 170 ff.

28 Später kam noch ein 13. Heft (in manchen Auflagen auch „Buch" genannt) hinzu, das sich mit dem Werbefilm befasste. Welchen Erfolg Iversen mit seinem Werbe-Unterricht hatte, lässt sich nicht mehr exakt ermitteln; es ist aber davon auszugehen, dass im Laufe der Jahre einige tausend Schüler zusammengekommen sind: „Meine jüngsten Schüler sind 17-18 Jahre alt, meine ältesten 60 – 63. Es haben sich einfache Arbeiter daran beteiligt, die sich dadurch einen bedeutenden Ruck nach oben gegeben haben und er hat ehemaligen Offizieren, darunter besonders vielen älteren (Majors; Oberstleutnants) erst die Möglichkeiten gegeben, sich eine neue Existenz zu gründen. Diese älteren Offizieren gehörten zu den besten Schülern und zeigten teilweise eine erstaunliche Begabung, die durch den Unterricht in die richtigen Bahnen geleitet werden konnte." Zit. Johannes Iversen: Geschäftskniffe im heutigen Konkurrenzkampf. Heiteres und Ernstes, Moralisches und Unmoralisches aus der geschäftlichen Praxis (Selbstverlag), München 1918, S. 77/78.

29 Iversen suggerierte, sein Fernlehrgang zur Werbung sei eine absolute Novität – was nicht zutraf. Bereits 1908 hatte Richard Kropeit seine Deutsche Reklame-Schule in zwei Bänden (und 50 Lektionen) herausgebracht. Auch Johannes Weidenmüller (1881-1936, der zudem seit 1911 an der Leipziger Handelshochschule „neuzeitliche Kundenwerbung" unterrichtete) hatte von 1908 an nicht nur seine monatlich erscheinenden „Monatshefte für den Kaufmann" vorgelegt, sondern ab 1916 auch „Weidenmüllers Werbe-Unterricht", ein sechsteiliges Lehrwerk zum Selbststudium mit Aufgaben und Übungen an Fallbeispielen. Vgl. hierzu Dirk Schindelbeck: Pionier der Werbewirtschaft, in: Damals. Das aktuelle Magazin für Kultur und Geschichte, Heft 4/2003, S. 61-65.
Iversens Fernlehrgang gibt es allerdings noch heute. Er hat sich, zwar nicht von den Lehrinhalten, so doch als Geschäftsidee erhalten, weil sich entsprechende

Nachfolger(innen) fanden und das kommerziell überzeugende Konzept weiterführten (Iversen-Institut in Fürstenzell).

30 Das 1920/21 gedruckte 60 Seiten starke Heftchen enthielt sage und schreibe 370 „Urteilen von Autoritäten, Schülern und Presse über den Deutschen Werbe-Unterricht".

31 Mitunter verschickte Iversen auch das ganze Lehrwerk, so z.B. an Kurt Tucholsky. „In seinen Grundzügen", so ließ er im Begleitbrief verlauten, habe er seinen Werbe-Unterricht bereits „im April 1919 während der Räterepublik in München ausgearbeitet, täglich der Verhaftung durch das damals herrschende Heldengesindel gewärtig". Kurzerhand machte Tucholsky einen Selbstversuch. Das Ergebnis, eine Satire auf Iversens Methode, lobtriefende Attribute für bestimmte Produktkategorien zu finden, ist in der Weltbühne vom 14. Oktober 1920 unter dem Titel „Ich als Reklamefachmann" nachzulesen.

32 „Vitriol ist die veraltete Bezeichnung für die Salze der Schwefelsäure von zweiwertigen Metallen in der Chemie wie Zink-, Eisen- oder Kupfersulfat. Wegen seiner ätzenden Wirkung wurde es zum Färben und Beizen, zur Holzimprägnierung oder zur Unkrautbekämpfung und Desinfektion verwendet." Zit. nach wikipedia.de

33 Johannes Iversen: Deutscher Werbeunterricht, 2. Buch, S. 57/58.

34 Die Liste der Firmen wurde aus diversen „grauen" Quellen (Iversen-Newslettern etc.) sowie aus seinem Deutschen Werbe-Unterricht rekonstruiert.

35 Vgl. hierzu Nicola Vetter: Ludwig Roselius. Ein Pionier der deutschen Öffentlichkeitsarbeit, Bremen 2002.

36 Anfragen beim Stadtarchiv Magdeburg nach noch vorhandenen Archivalien der dort einst dort ansässigen Firma Kurt Krisp verliefen ergebnislos. Nach dem Zweiten Weltkrieg wurde der Firmensitz nach Weinheim an der Bergstraße verlegt. Nachfragen ergaben auch hier, dass alle Unterlagen aus der Zeit vor dem Zweiten Weltkrieg verloren gegangen seien. Bekannt in Bundesrepublik wurde die Firma vor allem durch ihr Produkt „Kukident", eine Haftcreme für Zahnprothesen (Slogan: „Wer es kennt, nimmt Kukident!").

37 Eigentlich war der Markt für Fußpflege-Produkte seit Jahrzehnten verteilt. Das älteste Hühneraugenmittel am Markt waren die schon in den neunziger Jahren des 19. Jahrhunderts eingeführten „Alma"-Hühneraugenringe der Firma Eduard Müller aus Klingenthal. Marktführer war das seit 1905 bekannte und noch heute erhältliche Präparat „Lebewohl". Daneben gab es noch Saxol aus der Jehnolfabrik Zwickau sowie Leybolds Hühneraugenpflaster, das Krudox-Hühneraugenbad, aber auch Privatanbieter wie einen gewissen Hühneraugenoperateur Paul Höhne.

38 Die Kukirol-Anzeigen mit der Piedecubiste-Figur erschienen meist in den Wochenend-Ausgaben der Tagespresse – zwischen Mitte Februar und Mitte Juni 1923.

39 Vgl. Ilgen/Schindelbeck (2006): „Trustfrei" wie „Unsere Marine". Reklame zwischen Kunst und Krieg bis 1918, S. 35-76.

40 Über „den Juden" Joel Löwenstein, dessen Lebensschicksal nicht mehr zu rekonstruieren ist, hat sich Iversen extrem negativ geäußert; vgl. Anmerkung 21.

41 Iversen war so begeistert von seinem „Valuta-Proleten", dass er noch 1930 alle 14 Folgen seiner Werbekampagne von 1923 drucken ließ und als Beispiel für Werbetexte mit literarischer Qualität verschickte.

42 Als weitere Preise winkten, neben Schinken- und Dauerwurstpaketen, auch Gänse, Hasen und Hühner, was angesichts der inzwischen eingetretenen Hyper-Inflation attraktive Preise waren. Zit nach: Werbarium der zwanziger Jahre. Ein Kapitel deutscher Werbegeschichte, aufgeblättert von HörZu o. O. o.J. (1981)

43 Zit. nach E. Scherf: Kukirol – Eine Karriere vom Drogisten zum Fabrikanten mit Weltruf, in: Aus der Historie Schönebecks, 9/2006.

44 Aus dem Firmennamen eine Verbalform abgeleitet zu haben, die sich als Imperativ einsetzen ließ, rechnete sich Iversen als genialen Coup an: „'Kukirolen Sie!' Diese freche Benutzung eines Phantasienamens als Grundlage eines Zeitwortes imponierte selbst Gebildeten und wurde infolge steter Wiederholung bald Gemeingut (zit.: Deutscher

Werbeunterricht, 2. Buch, S. 57/58). Bei Licht besehen, war aber auch das nur einer seiner zahllosen Tricks, seine Einzigartigkeit zu unterstreichen. Schon um 1910 hatte das Haarpflegemittel Javol mit dem Slogan geworben „Javolisiere dein Haar!" Zit. nach Rainer Schmoll/Dieter Neu: Annoncen der Jahrhundertwende, Wiesbaden 1981, S. 62
[45] Will Hanns Hebsacker: Doktor Unblutigs Glück und Ende, in: Die Reklame, 1. April-Heft 1926, S.340f.
[46] Carl Zuckmayer: Kleines Epitaph auf den Grabstein des Doktor Unblutig, Sonderheft Reklame Simplicissimus, 23. 4. 1928.
[47] Erfinder des selbst in den Duden aufgenommenen Kunstworts „einwecken" war der für die Firma arbeitende Werbefachmann Hanns W. Brose (1900-1973). Vgl. hierzu: Dirk Schindelbeck (1995), S. 238-252.
[48] Noch ein drittes Mal kehrte Dr. Unblutig zurück, elf Jahre nach dem Tod seines Textvaters Iversen und nun von dessen Sohn Olaf (1900-1959, der als Karikaturist beim Simplicissimus einige Bekanntheit erlangen sollte) getreu nach den alten Vorgaben umgesetzt, sodass ihn die „ältere Generation" auf Anhieb wiedererkennen konnte. In Erinnerung an die „guten alten Zeiten" versuchte der Arztgnom ab August 1952 von seinem Bekanntheitsbonus zu zehren und seinen Relaunch ins Werk zu setzen, denn „was während der ersten Jahre erlebt wurde, ist so kurzweilig und spannend, dass es von Millionen verschlungen würde, wie einst die Inseraten-Serien von Frau Schnatterich und Herr Piedecubiste..." Doch schon die neue Produktpalette der inzwischen in Weinheim an der Bergstraße ansässigen Firma Krisp zeigte deutlich, dass das Hauptinteresse längst nicht mehr auf dem Hühneraugenmittel Kukirol lag. Auch wenn man eine Zeit lang versuchte, aus Doktor Unblutig eine zeitgemäße Comic-Figur – etwa nach dem Muster Nick Knattertons – zu machen, reichte doch ihr Bekanntheitsgrad für eine echte und nachhaltige Wiederbelebung im Publikum nicht mehr aus. Mitte der fünfziger Jahre verschwand Doktor Unblutig für immer aus den Anzeigenspalten.
[49] Weder Dirk Reinhardt: Von der Reklame zum Marketing. Geschichte der Wirtschaftswerbung in Deutschland, Berlin 1993, noch zuletzt Thomas Wegmann: Dichtung und Warenzeichen. Reklame im literarischen Feld, Göttingen 2011, gehen auf Kukirol/DoktorUnblutig ein. Die Ausnahme bildet Kurt Schönings unterhaltsam geschriebenes Buch „Anzeigenwerbung, Eine Dokumentation, München 1975, das eine Eloge auf Iversens „Valutaproleten" enthält: ebda. S.121ff.
[50] Erstaunlicher Weise führten gut 80 Prozent aller bis 1933 erschienenen Fachbücher noch die Bezeichnung „Reklame" im Titel. Nur wenige zeitgenössische Autoren – allen voran werbwart weidenmüller (seit 1908!) – lehnten ihn als Obergriff für das, was sie unter wissenschaftlich untermauerter Werbung verstanden wissen wollten, entschieden ab. Die von oben verordnete Einführung „Deutsche Werbung" durch das NS-Regime ab 1933 hingegen geschah aus rein propagandistischen Gründen zur Abgrenzung von „jüdisch-amerikanischer Reklame". Zur Begriffsdiskussion vgl. Sennebogen (2006), S. 32-112.
[51] Hans Domizlaff setzte dagegen sein Konzept der „Markentechnik", d.h. die Entwicklung eines seriösen, nachhaltigen Werbestils, welcher dem Selbstverständnis des ‚königlichen Kaufmanns' entsprach. Vgl. Hans Domizlaff: Die Gewinnung des öffentlichen Vertrauens. Ein Lehrbuch der Markentechnik, Hamburg 1951. Zu Domizlaff: Schindelbeck (1992).
[52] Vgl. Dirk Schindelbeck: Glanz und Elend der Metropole (über Fritz Langs Film „Metropolis" von 1926), in: DAMALS. Das Magazin für Kultur und Geschichte, Heft 4/2005, S. 76-79.
[53] Insofern gehört Johannes Iversen sowohl als deutsch-national gesinnter Werbetheoretiker wie auch in seiner Kukirolreklame in Armin Mohlers System der „Konservativen Revolution". Vgl. ders.: Die konservative Revolution in Deutschland 1918-1932. Ein Handbuch, Darmstadt 1972.

54 Wie sehr sich Iversen als Lehrmeister der deutschen Sprache empfand, dokumentiert
auch sein Büchlein „Gutes Deutsch für den Hausgebrauch, Füssen 1939, in welchem er in
der ihm eigenen Manier mit den Stilblüten seiner Zeitgenossen abrechnet.
55 Klaus Brandmeyer: Die Götterboten, in: Werbefiguren. Geschöpfe der Warenwelt,
Düsseldorf 1992, S.23-31.
56 Zur Elida-Kampagne vgl. Susanne Meyer-Büser: Das schönste deutsche Frauenporträt.
Tendenzen der Bildnismalerei in der Weimarer Republik, Berlin 1994.
57 Hugo Reis und Fritz Mönkemöller gingen 1935 in ihrem „Fernkurs für Werbetechnik und
Verkaufspsychologie („Erfolgreiche Werbung")" auch auf die Kukirol-Kampagne ein: „An
dem noch nicht allzu weit zurückliegenden geldlichen Zusammenbruch einer bekannten
Fabrik für Hühneraugen- und Fußpflegemittel waren zweifellos auch in hohem Maße die
Reklameausgaben beteiligt. Es wurde ein wichtiges Grundgesetz der Werbung nicht
beachtet, das besagt, dass jede Werbung im richtigen Verhältnis zu der Eigenart des
Unternehmens, der Ware und den Absatzmöglichkeiten stehen muss." ebda, S. 9
58 Erstaunlicherweise genoss Iversen in Kollegenkreisen – zumindest postum – einen
legendären Ruf. Johannes Schmiedchen setzte ihm 1953 als „vielleicht Deutschlands bester
Werbestilist" ein Denkmal (vgl. ders: Kurzer Beitrag zur Geschichte der deutschen
Wirtschaftswerbung, ihrer Männer, ihrer Organisationen, ihrer Presse, Tübingen 1953, S.
38). Ähnlich äußerte sich der Inhaber einer der größten Werbeagenturen in der frühen
Bundesrepublik Hans Wündrich-Meißen und bezeichnete ihn, dessen „besondere Vorliebe
ebenso den Frauen (vier Ehen) wie dem Schwarzwälder Kirschwasser und starken Virgina-
Zigarren (20 pro Tag)" gegolten habe, als „Vater der neuen deutschen Werbung" und „den
Mann, der uns die neue Werbeargumentation lehrte. Seine klare, urwüchsige, volkstümlich
frisch zupackende Sprache, seine erstaunliche Fähigkeit, die Leser in jedem Fall zum Lesen
und Zuhören zu zwingen, seine drastischen Vergleiche, seine schlagende Argumentation,
seine zwingende Überzeugung, all das ist noch heute unerreicht... Wir haben heute noch
keinen Texter wieder wie Iversen." in: Werberundschau, Heft 1, 1953, S. 39/40.
59 Zit. Kurt Tucholsky: Alte Schauspieler, in: Die Weltbühne, 23. März 1926